KB261917

빨가벗고 몸 하나로 뭉치자

마광수 시집

# 빨가벗고 몸 하나로 뭉치자

지은이 | 마광수
펴낸이 | 김성실
편집주간 | 김이수
편집기획 | 조성우 · 박남주
마케팅 | 이동준 · 강지연 · 이유진
편집디자인 | 하람커뮤니케이션(02-322-5405)
인쇄 | 중앙 P&L(주)
제본 | 광성문화사
펴낸곳 | 시대의창
출판등록 | 제10-1756호(1999. 5. 11)

초판 1쇄 인쇄 | 2007년 7월 20일
초판 1쇄 발행 | 2007년 7월 30일

주소 | 121-816 서울시 마포구 동교동 113-81 (4층)
전화 | 편집부 (02) 335-6125, 영업부 (02) 335-6121
팩스 | (02) 325-5607
홈페이지 | www.sidaew.co.kr

ISBN 978-89-5940-075-1 (03810)
값 9,500원

마광수 시집

시대의창

# 빨가벗고 몸 하나로 뭉치자



시대의창

# 책머리에

문학은 역시 뼈저린 고독과 절망감 끝에 나오는 예술이다. 이 말이 너무나 상식적인 이야기로 들릴지 모르겠으나, 나는 요즘 이 말의 참뜻을 점점 더 가슴속 깊이 새겨가고 있다.

문학은 절대로 인류를 구원하거나 세계의 정치적 평화를 실현하는 데 결정적으로 기여할 수 없다. 문학이 철학이나 신학보다 더 형이상학적이고 포괄적인 진리를 지향하는 차원 높은 예술형태라는 이론에 나는 동의할 수 없다. 문학은 역시 '배설'이다. 고독과 절망, 그리고 인간사회의 여러 가지 모순과 부조리에 대한 좌절감, 육체적 욕구와 고통 등이 작가의 내부에서 축적될 대로 축적된 끝에 저절로 쏟아져 나오는 배설물이 바로 문학작품인 것이다.

그러므로 지극히 정상적이고 상식적인 사고방식을 갖고서 소박하고 평화롭게 일상생활을 꾸려나가고 있는 사람들은 절대로 작가가 될 수 없다. 문학을 하는 사람들은 모두 다 조금씩 마음의 병을 가지고 있는 사람들이다. 모두 다 사회와 이웃에 동화될 수 없는 이상성격자異常性格者들이다.

그들은 항상 삐딱한 눈을 가지고 이 세상을 바라보며, 부정적인 사고방식과 원인 모를 열등감에 사로잡혀 신경증적神經症的 일생을 보낸다. 사랑도 잘 안 되고, 이웃이나 가족에게도 안정감을 줄 수 없다. 그러면서도 유난히 성욕은 강하다. 노출욕구도 강하다. 하지만 그런 욕망을 어떻게 풀 도리가 없다. 그러니 '오럴 마스터베이션'이라도 해야 할 밖에.

　나 역시 그렇다. 나는 끓어오르는 성욕을 달래기 위해서 글을 쓴다. 너무나 아파서 글을 쓴다. 쓸쓸하고 고독해서 글을 쓴다. 죽기 싫어서, 아니 죽지 못해서 글을 쓴다. 꼭 한 장르만 붙들고 늘어질 필요도 없다. 시든, 소설이든, 수필이든, 평론이든, 아니면 또 다른 어떤 장르든간에 상관없다. 나는 무엇이건간에 쓴다. 내가 쓴 글이 독자에게 감동을 주든 못 주든, 철학적 이념이나 형이상학적 계시를 내포하든 내포하지 않든, 나는 그것을 염두에 두지 않는다. 나는 그냥 '배설'할 뿐이다.

　작가가 글을 쓴다는 것과, 그것이 독자나 비평가들에게 어떻게 받아들여지는가 하는 것은 별개의 문제다. 혹 어떤 작품은 기대 이상으로 큰 감동을 줄지도 모른다. 사람이 배설한 똥을 개가 맛있게 핥아먹을 수도 있듯이 말이다. 그러나 그런 시류적時流的 감동이나 평론가나 독자의 평판 그 자체가 글을 쓰는 목적이 되어서는 안 될 것이다. 칸트가 말한 '무목적의 목적'이라는 말을 나는 다른 의미로 점점 더 실감하고 있다.

그런데 요즘 우리나라 문학계는 왜 이리 번잡스러울까? 웬 패거리가 그리 많으며 왜 그리 문단의 '권력'에 집착하는 것일까? 나는 평소에 문학하는 사람들을 만나는 것을 별로 좋아하지 않는다. 문학에 대한 이야기를 하는 것도 별로 좋아하지 않는다. 그것은 마치 여럿이 둘러앉아 수다스럽게 자식자랑, 집자랑을 늘어놓고 있는 것과 별다를 바가 없다.

문학은 혼자서 하는 고통스런 배설이어야 한다. 작당을 해서 되는 것도 아니요, 토론을 해서 되는 것도 아니다. 그런데 우리 문단을 보면 너무나 인간적 유대관계에 휘말려 들고 있다. 그러다보니 내놓는 문학작품들이 고통스런 배설물이 아니라 팔려고 내놓은 수공예품들 같다. 지나치게 매스컴 눈치를 보며 전전긍긍하고, 어떻게 해서든지 '유명'해지려고 애를 쓴다. 독자들에게 영합하고 평론가들에게 아부하려고 애를 쓴다.


작가는 작품을 쓰는 것으로 만족해야 한다. 시를 쓰고 소설을 쓰면 그만이지 그 이상의 것을 바라거나 남들 눈치를 봐서는 안 된다. 무엇 때문에 시류時流에 연연해하고 매스컴이나 평론가들 눈치를 보며 안절부절못하는가. 또 왜 그리 작가의 '품위'와 세속적 명예에 집착하는가.


작가도 물론 먹고 살아야 하는 존재이니 작품이 좋은 평을 받고 많이 팔리기를 바라는 것이 뭐 어떠냐고 반문할지 모르지만, 내 생각엔 절대로 그래서는 안 될 것 같다. 밑천이 많으면 장사는 그럭저럭 굴러가게 되어 있다. 먹은 게 많으면 그럭저럭 똥이 많이 나오게 되어 있다. 그런데 요즘 작가들 상당수는 먹은 게 없이도 계속해서 똥을 누려고 한다. 밑천도 없는데 세 치 혓바닥으로 잘도 장사를 해댄다.

시의 경우 '정직한 배설'은 특히나 중요하다. 시는 소설에 비해 변비증 걸린 환자처럼 낑낑거리며 간신히 배설해 놓은 '함축적인 똥'이다.

얼굴엔 고독과 절망의 빛이 아니라 피둥피둥한 출세욕과 명예욕이 흐르고, 이 사람 저 사람 만나 장사치들처럼 잘도 교제를 해댄다. 작품의 내용엔 민중의 삶이 담겨 있고 고독과 절망이 스며들어 있는데, 직접 만나보면 사치스런 지적知的 허영을 즐기는 엘리트주의자들이 대부분이다.

내가 너무 심한 말을 했나. 하지만 심한 말은 아니다. 시 창작의 정도正道는 모름지기 고독한 가운데서의 '정직한 배설'에 있다는 것을 재삼 강조해 두고 싶다.

2007년 7월
馬 光 洙 

차례

# 잔혹한 사랑

나는 기다렸지
네 손톱이 무럭무럭 자라나기를

드디어 네 손톱은 아주 길게 자라났어
나는 그 손톱들을 갈고 갈아 날카롭게 만들었지

그런 다음 너의 열 개의 손톱들을 떼어내
그걸로 네 모가지를 찔렀어

사정없이 사정없이 찌르고 또 찔렀어
피가 콸콸 나오도록 찔렀어

그랬더니 넌 결국 죽어버리더군
아름다운 시체로 변해버리더군

그제서야 나는 성욕이 일어났어
무럭무럭 음탕음탕하게 일어났어

그래서 나는 드디어 내 페니스를 꺼냈지
그리고 그걸 시체가 된 네 몸뚱어리 보지 속에 찔러넣었어

아아아 오오오 이 희열 이 전율
나는 비로소 진정한 오르가슴을 맛볼 수 있었지

ma

# 몸 전체로 사랑을

페니스만 사용하지 말아요
성기독재性器獨裁는 싫어요
당신의 몸 전체를 주서요

나도 당신에게 보지만 내드리긴 싫어요
나의 젖가슴을, 나의 입술을
나의 긴 머리카락을 내드리고 싶어요
아니, 몸 전체를 내드리고 싶어요

사랑은 핥고 빠는 것
사랑은 비비고 문지르는 것
사랑은 만지고 쓰다듬는 것

자, 돌아가요, 어서, 동물 같았던 어린 시절로
술 기운에 취하여 벌거숭이가 되더라도
마약 기운에 취하여 부끄러움을 모르더라도
어서 어서 몸 전체로 본능을 드러내 봐요

# 고독에

오, 거추장스러운 페니스
여자들은 다리가 두 개인데
왜 나는 가운뎃다리까지 합쳐
다리가 세 개씩이나 달려
이토록 고독에 몸부림쳐야 하는 것이냐

차라리 잘라버리고 싶다
이 처치 곤란한 욕정을, 괴로움을

사랑하고 사랑해도 늘 허기지다
본능의 끝은 보이지 않는다
너는 왜 나보다 덜 고독한 것이냐
왜 나처럼 본능에 몸부림치지 않는 것이냐

여자라서 그럴까
페니스가 안 달려서 그럴까
나를 안 사랑해서 그럴까

오오 밤마다 나를 덮쳐누르는 얄미운 성욕이여

# 그때 그 여인

네 남편의 눈을 피해 만나곤 했던
동부이촌동 한 구석의 작은 카페

대낮에도 라이터로 불을 켜야 할 만큼 어두웠던 곳
그곳에서 우리는 안쓰러운 애무를 나누곤 했지

너는 네 남편의 퇴근시간에 맞춰 집에 돌아가야 했어
그럼 나는 항상 투덜거리며 아쉬워했고

그렇게 만나던 우린 결국 헤어져야 했지
내가 세컨드 노릇하는 게 너무 역겨워 결단을 내렸지

아직도 내 가슴속에 뭉클뭉클 살아 있는 너
너무 너무 보고싶어 이별 있는 추억만은 아름다운가봐

# 첫눈에 반하다


그날 저녁 어느 호텔 나이트클럽에서
너와 나는 눈이 맞았지
마치 벼락이 내리치는 듯한 기분이었어

너울너울 음란하게 흐느적거리던 우리의 춤
그리고 우리 둘의 화급火急한 사랑
나는 얼른 호텔 방을 잡았어

그때 그 키스
그때 그 페팅
그때 그 섹스

너는 내 손가락에 의해 처녀막이 찢겼지
난 정말 네가 숫처녀인 줄 몰랐어
약간은 계면쩍어하며 마시던 몇 잔의 맥주

그리고 다시 또 섹스

# 자유연애

나는, 나랑 연애하면서
따로 바람도 피우는 여자가 좋아
그래야 내가 부담을 덜 느끼니까

나는, 나랑 섹스하면서
다른 여자 친구를 데리고 오는 여자가 좋아
스리썸은 훨씬 더 자극적이니까

나도 한 여자랑 연애하면서
따로 바람을 피울 수 있어야 해
그게 바로 진짜 자유니까

그럼 왜 애인이 꼭 필요하냐구?
그거야 주식主食은 있어야 하니까
그게 내 '최후의 보루' 역할을 해주니까

# 오, 너의 빨음직한 젖꼭지여!

오…… 너의 빨음직한 젖꼭지여!
내 입술에 군침이 흐르게 하는도다

오…… 너의 핥음직한 음순이여!
내 헛바닥을 꼴리게 하는도다

오…… 너의 비빔직한 입술이여!
내 입술을 항상 근질근질하게 하는도다

오…… 너의 찌름직한 긴 손톱이여!
나를 언제나 마조히스트가 되게 하는도다

오…… 너의 먹음직한 엉덩이여!
너를 나의 푹신푹신한 쿠션으로 만드는도다

오…… 너의 박음직한 보지여!
내 페니스를 늘 쫄아들게 하는도다

# 즐거운 식사

나는 너랑 식사할 때가 제일 좋아
너는 보지 속에다 음식물들을 끼워서
내게 야하게 먹여주지

길쭉한 소시지가 네 보지에 박힐 때도 있고
길쭉한 바게트 빵이 네 보지에 박혀 있을 때도 있어
그리고 네 불두덩엔 처덕처덕 바른 버터가

나는 바게트 빵 한쪽을 먹고
네 보지 근처의 버터를 핥아먹지
또 홍당무나 오이를 보지에 박아 넣을 때도 있어

랄랄라, 룰루루, 신나는 식사 시간
너의 보지는 포크이자 숟가락
먹다가 목이 마르면 나는 네 오줌을 마셔

# 나르시시즘 만세

나는 매일 매일 거울을 들여다봤지
그랬더니 늙고 못 생긴 내 얼굴도
아주 근사하게 보이는 거야
젊은 꽃미남으로, 잘생긴 플레이보이로

나는 더 뚫어져라 거울을 들여다봤지
정성을 들이고 애정을 담아 ……

그러던 어느 날 정말 신기한 기적이 일어났어
거울 속에서 요염 · 섹시 · 어리디어린 미녀가

내게로 걸어나오는 거야
그리고 내게 격정적인 키스를 퍼붓는 거야

# 중년의 우울

아, 불쌍한 내 정충들이여
맨날 감옥에 갇혀 지내고
통 밖으로 나갈 수가 없으니……

홀아비 생활 어언 몇 해런가
그래도 난 곧죽어도 돈 주고 여자는 안 사
이젠 치사해서 자위행위도 안 해

아, 너무 안 싸면 전립선염에 걸리기 쉽다는데……
그래도 돈 주고 사서 하는 섹스는 처량해
자위행위도 너무 궁상맞아

내 사랑하는 정충들아 조금만 더 참아주렴
그리고 늘 출정出征 준비를 하고 있어주렴
언젠가는 도둑같이 '님'이 찾아올지도 모르니까, 모르니까

# 불안한 것은 아름답다

그녀가 핸드백을 열기 시작한다

손톱이 엄청나게 길게 뻗어나와 있는
오른손 엄지와 검지 끝마디를 사용하여
불안하고, 위태롭게, 그러나 교묘하게
핸드백 잠금쇠를 푸는 그녀의 모습은
언제 봐도 신기神技에 가깝다

나는 그녀가 핸드백을 여는 모습을 지켜보면서
나른한 권태감으로부터
잠시 벗어나는 나 자신을 느낀다

그녀가 다시금 걷기 시작한다

높이가 십오 센티미터나 되는 송곳 같은 굽의 하이힐,
그녀가 정말 불안하고 위태롭게 걷는 모습을 보며
나는 권태감에 지친 내 정신상태를
다시금 섹시하게 각성시킨다……

# 엄마와 시녀

나는 그녀가 음식을 입안에 머금어
내게 입으로 먹여줄 때가 제일 기분 좋아

마치 어린애가 된 기분
물론 그녀는 나의 엄마가 되고……

꼭 자궁 속 같이 음습하게 생긴 그녀의 입
하지만 포근하고 편안한 그곳

나의 자궁회귀본능을 충족시켜주는 그녀
나를 위해 그녀는 음식을 아예 씹어서 먹여주지

아니, 나는 황제가 될 수도 있어
시녀가 입으로 내게 음식을 먹여주는 거야

나는 어린애이자 황제
그녀는 엄마이자 시녀

# 낙원으로의 회귀

아담과 이브가
그들의 성기를 가린
나무 잎사귀를 과감하게
떼어버릴 수 있을 때
우리는 다시금 파라다이스로
되돌아갈 수 있지

다시 말해서
우리가 육체적 쾌락욕구로만 가득 찼던
어린아이 시절의 야한 상태로
되돌아갈 수 있을 때
정직한 본능으로 헛된 도덕을
제압할 수 있을 때

우리는 아름다워질 수 있어
행복해질 수 있어

# 정액 아이스케이크

나 당신을 그리워할 때마다
서글픈 마스터베이션을 하며
쏟아낸 정액들을
차곡차곡 한데 모아 두었다가

냉장고의 냉동고에 넣어
차디차게 얼려서
아이스케이크를 만들어

그대 돌아오는 날 재회의 선물로 주리라

# 넌 징그러워

십오 센티미터나 되는 길디긴 모조 손톱
넌 징그러워

오 센티미터 깊이의 덕지덕지 파운데이션
넌 징그러워

십 센티미터 길이의 칫솔처럼 빳빳한 인조 속눈썹
넌 징그러워

검정 색깔 아이섀도를 위 아래로 두껍게 칠한 눈두덩
넌 징그러워

귀걸이도 뱀 모양, 목걸이도 뱀 모양, 보지고리도 뱀 모양
넌 징그러워

하루 스물네 시간 내내 섹스만 하자는 너
넌 징그러워

넌 징그러워
난 그래서 네가 귀여워

# 왜 나를 사랑하지 않느냐

034

너를 위해 나의 정열을 모두 다 짜냈다
왜 나를 사랑하지 않느냐

너를 위해 있는 돈 없는 돈 다 털었다
왜 나를 사랑하지 않느냐

너를 위해 내 페니스에 구슬까지 박았다
왜 나를 사랑하지 않느냐

너를 위해 내 마누라까지 버렸다
왜 나를 사랑하지 않느냐

너를 위해 내 혓바닥에 링까지 걸었다
왜 나를 사랑하지 않느냐

너를 위해 나는 자살소동까지 벌였다
왜 나를 사랑하지 않느냐

너를 위해 너를 정력 좋은 놈에게 시집까지 보냈다
왜 나를 사랑하지 않느냐

# 도시에

지방 갔다 기차로 영등포역에 도착해
길을 잘못 들어서
어두컴컴한 뒷골목으로 나왔을 때
나는 깜짝 놀랐지
역사驛舍 앞은 으리으리 삐까번쩍 휘황찬란한데
역사 뒤는 완전히 판자촌 쪽방 동네야

우선 재래식 화장실에서 뿜어져 나오는 똥 냄새
그리고 땟국물 꾀죄죄 흐르는 동네 아이들
고생티가 줄줄 흐르는 동네 아저씨 아줌마들
여긴 도저히 서울이 아니야
화려한 도시가 아니야
시골보다 못해 완전히 1950년대 6.25 직후의 서울이야

GDP가 올라가면 뭘해
OECD 국가에 끼면 뭘해
자유주의 경제가 최고라면 뭘해

하지만 그래봤자 나는 솔직히 그런 동네에선 못 살아
그리고 도시를 떠나지도 못해

아아 덧없는 지식인의 동정심이여 민중의식이여
화려한 도시의 덧없는 낭만이여

# 여자가 더 나아

누구는 당근만한 페니스를 가졌다는데
내건 땅콩만 해

땅콩도 과연 쓸모가 있을까?
그래서 내가 오럴 섹스만 밝히는 건 아닐까?

그래도 땅콩은 자근자근 씹어먹기에 좋지
맛이 참 고소하지

그대여, 내 땅콩을 남김없이 씹어먹어 줘
그러면서 퀴퀴한 페니스 맛을 음미해 줘

나는 차라리 그게 없어지는 게 좋아
나는 땅콩조차 안 달린 여자가 되고 싶어

# 우리는 연인

내 님은 발꿈치까지 내려오는
길디긴 머리카락을 갖고 있었지

그리고는 그 머리칼에 오색 물감을 칠해
내 벌거벗은 몸뚱어리에 색칠해주기를 좋아했지

그러면서 그녀는 손을 쉬지 않고 움직여
내 페니스를 알근달근 주물러주는 거야

내 몸이 캔버스 역할을 하는 게 그렇게 좋을 수 없었어
그 배릿한 간지러움, 슬근슬근한 쾌감

그러다가 내 자지가 정액을 쏟아내면
그녀는 그걸 자기 손바닥에 받아
자기 알몸뚱이에 쳐발라댔어

찬란하게 알록달록해진 내 벌거벗은 몸뚱어리
섹시하게 정액 범벅이 된 그녀의 벌거벗은 몸뚱어리
아아아, 우리는 야하디야한 바퀴벌레 한 쌍……!

아 나도
돈이
많으면
야
한
여자를
꼬실텐데
마광수

# 아, 나도 돈만 많으면

아, 나도 돈만 많으면
야한 년들을 꼬실 수 있을 텐데

크리스찬 디올의 의상
루이 뷔통의 가방
스와로브스키의 귀걸이
갈리아노의 모자
페레가모의 구두
다이아몬드 다닥다닥 파텍스 시계 등등
줄줄이로 선물하면

늙은 나에게도 야한 영계년들이
줄줄이 들러붙겠지

그러면 나는 '에헴'하고 폼 잡으며
가장 색色스러운 년을 찜해 가지고
그년에게 하루 종일 펠라티오 서비스를 시킬 테야
내 똥구멍도 핥게 할 테야

아, 나도 돈만 많으면
아, 나도 돈만 많으면

# 정액 공장

잘 생긴 사내들을 수천 명쯤 잡아다가
정액 공장을 차리고 싶다

그들이 하는 일은 매일 매일 나를 위해
자위행위로 정액을 짜내는 일

나는 그들의 정액을 모아 세수하고 목욕한다
오오오 상쾌해라 이 즐거움, 이 환희!

나는 수천 명의 남자 노예를 거느린 여자
진짜로 야한 여자, 진짜로 섹시한 여자!

# 인공미人工美가 더 아름다워

네가 긴 손톱을 짤라버렸을 때
── 나는 그만 죽고 싶었어

네가 긴 인조 속눈썹을 떼어냈을 때
── 나는 차마 눈을 뜨지 못했어

네가 그 하얀 틀니를 벗겨냈을 때
── 너와 키스할 생각이 뚝 그치고 말았어

네가 파랑색 길디긴 가발을 벗었을 때
── 나는 그만 도망가버리고 싶었어

네가 금사슬로 된 클리토리스 고리를 떼어냈을 때
── 나는 그만 엉엉 울고 말았어

네가 휘황찬란 야한 옷을 벗고 알몸뚱이가 되었을 때
── 나는 정말, 정말, 꺼져 없어져버리고 싶었어

# 내가 그녀를 사랑하는 이유

044

그녀의 물기어린 눈동자

그녀가 환희에 겨워 내지르는 신음소리

그녀의 뜨거운 보지 속 꿈틀거림

그녀가 절정에 이르렀을 때의 그 몸떨림

그녀가 키스할 때의 그 지랄스런 혀놀림

그녀가 화장할 때의 그 섬세한 정성

# 삶의 묘미

헤어지면 그리웁고
만나보면 시들하고

행복을 바라면 불행이 오고
불행에 체념하면 행복이 오고

좋다할 땐 뿌리치고
싫다하면 달려들고

돈을 벌려면 안 벌리고
돈에 미련을 버리면 돈이 벌리고

희망에 목매달면 절망이 오고
절망을 즐기다보면 희망이 오고

그년을 포기하면 그년이 오고
그년과 살다보면 권태가 오고

# 가을 비 내리는 밤의 포옹

비에 흠뻑 젖어드는 밤
네온사인도 조는 도시의 가을 밤
너와 나는 우산도 없이
하염없는 포옹으로 밤을 지샌다

무엇으로 이 기분을 표현해야 할까
흡사 정액으로, 애액으로
온몸을 뒤집어쓴 느낌이랄까
우리는 빗속에서 섹스를 한다

빗물에 흠뻑 젖어드는 너의 머리카락
빗물에 흠뻑 젖어드는 나의 거웃
지나가는 사람들이 우릴 쳐다본다
그래도 우리는 비를 맞으며 선 채로 섹스를 한다

흠흠흠 내 입에서 흘러나오는 기쁨의 신음소리
아야야 네 입에서 흘러나오는 오르가슴의 비명소리
내 자지가 빗물에 젖는다
네 보지도 빗물에 젖는다

# 가지 무침을 먹으며

가지를 그녀 보지에 박아 넣고
펠라티오를 시키면
그녀가 아주 흥분하며 좋아하겠다

가지나무는 여린 새싹으로 태어나
키 큰 말뚝에 기대어 자라나는 식물
우리에게도 그런 말뚝이 필요한 건 아닐까

물론 그 말뚝이 광신적 종교 같은 거라면 안 되겠지만
만약 '진실한 사랑' 같은 거라면……
아아, 보지에 박아넣는 싱싱한 가지 같은 거라면……

마광수가 어느날
아한여자를 바라보다

# 만약 당신이 죽는다면

만약 당신이 죽는다면
당신 시체를 관 속에 넣을 때
나는 옆에 투명인간이 되어 숨었다가

당신의 손, 길고 뾰족한 손톱과
휘황찬란한 매니큐어를 칠한 손가락을 지닌
당신의 손을 짤라 옆구리에 끼고서
그곳을 도망쳐나와

어두운 골목을 지나 긴 도로를 달려
우리 집으로 들어가 당신의 손을
내 방 책상 위, 또는 컴퓨터 위
오 언제나 내 곁에 두고 사랑을 줄 텐데

어두운 방안에서 당신의 길고 뾰족한 손톱으로
내 자지를 찔러대며
아낌없는 사랑을 줄 텐데

# 뜰

나도 이젠 뜰이 넓은 집에 살고 싶다
좁고 답답한 아파트 생활에 나는 질렸다

뜰이 넓은 집을 구하면
나는 절대로 잔디와 화초를 심지 않겠다

그냥 그대로 내버려두어
잡초가 무성하게 자라나게 하겠다

잡초가 얼마나 예쁜지 사람들은 몰라
자잘하고 앙증맞은 이파리들, 꽃들……

참, 클로버도 잡초니까 자라나겠지
그럼 난 찾아낼 거야, 행운의 네잎 클로버!

# 크리스찬 디오르의 패션쇼를 보며

쟤네들이 몽땅 내 애첩愛妾들이라면 좋겠다
합쳐서 한 삼천 명쯤
그러니까 이른바 '삼천궁녀'가 되는 거지

다들 내 앞에서 네 발로 엎드려 기며
내 페니스를 번갈아가며 핥고 빤다
스멀스멀 느물느물 철벅철벅 쭉쭉쪽쪽

나는 년들의 잔등 위로 채찍 세례를 가한다
철썩철썩 뚜르르 쿠앙 아아아아악
계속 터져나오는 간드러진 관능의 신음소리, 비명소리

나는 기분이 참 좋다 흐뭇하다
하나씩 불러내 미치도록 흥분시켜놓고
맵고 짜고 쓰고 달고 시큼한
보짓물의 간을 보며 흥건히 쾌감에 젖는다

# 사랑에 대하여

사랑해서 섹스하게 되는 게 아니라
섹스해서 사랑하게 되는 거예요

그대여, 나랑 어서 섹스해줘요
그럼 냉정했던 당신도
나를 결국 사랑하게 될 거예요

딱 한번만 해 보시라니까요
내가 당신의 결벽증을 고쳐드리겠어요
내 긴 혓바닥으로
내 긴 손가락으로

사랑은 섹스
그리움은 섹스에 배고플 때 나타나는 증상
정신적 사랑도 섹스 때문에 생겨나는 변태심리

님이여, 내 사랑이여
나랑 어서 섹스해줘요
그래서 우리 마음껏 사랑을 나누어봐요

# 나는 젠타이 페티시즘이 좋아

나는 젠타이Zentai 페티시즘이 좋아
온몸을 쫄쫄이 타이츠로 팽팽하게 감싸고
서로의 얼굴도 몸매도 알아보지 못하고
마구 여럿이 뒤엉켜 그룹 섹스를 즐기는
즐거운 젠타이 페티시fetish 파티

온몸 이곳저곳을 더듬으며 애무할 때마다
안쓰러운 오르가슴이 뼛속 깊숙이 밀려오네
어쩌다 욕구가 일어나면
성기 부분의 숨겨진 자크를 내리고
삽입도 오럴도 할 수가 있어

그러나 나는 삽입보다는
펠라티오나 쿤닐링구스가 더 좋아
타이츠로 막힌 입술을 안쓰럽게 벌리고
안쓰럽게 상대방의 성기를 빨아주는 ……
오오오 즐거워라, 젠타이 섹스!

꿈 쩌 꿈 쩌
무지무지
사
랑
해
마광수가

# 슬픈 사랑 노래

다른 남자를 생각하면서 키스하는 여자
벌써 눈동자가 밖을 향하고 있네
왜 나랑 키스하는 것일까

다른 남자를 생각하면서 섹스하는 여자
어느새 음순이 안 벌어지고 있네
왜 나랑 섹스하는 것일까

다른 남자를 생각하면서 결혼하는 여자
벌써 잠꼬대로 그 사람 이름을 부르고 있네
왜 나랑 결혼했던 것일까

# 삽입성교 없이도

도시의 별빛처럼
무기력한 내 페니스여

사랑에 굶주릴 대로 굶주려
아예 자살을 택한 내 정충들이여

불쌍해라, 내 고독
어이없어라, 내 철 늦은 짝사랑

넌 페니스가 안 서도 날 사랑해 주겠니?
넌 삽입을 안 해줘도 내 페니스를 빨아줄 수 있겠니?

# 실직失職

사랑하고 사랑하고 사랑해도
결국 '나' 밖에 남지 않는다

사랑하고 사랑하고 사랑해도
결국은 나 혼자만의 마스터베이션으로 끝난다

사랑하고 사랑하고 사랑해도
결국 사랑은 고독이라는 사실

외롭다 외롭다 외롭다 외쳐봐도
나 이외엔 아무도 없다 기댈 곳이 없다

사랑해서 죽고 싶다 죽고 싶다 부르짖어봐도
최후에 남겨지는 것은 비굴한 삶의 욕구

우선 먹고 살 수 있어야 사랑할 수 있다
우선 직업이 있어야 섹스할 수 있다

## 여장남성과의 사랑

그녀를 만나자 내 본능이 어리둥절하니 환해졌다.
어느새 내 머릿속에서 형이상학이 달아났다.
그녀는 '그'이기도 했다.
다시 말해서 여장남성女裝男性이었다.
그래서 대체로 형이하학적이었다.
그는 오로지 '여자의 몸'이 되고 싶어했다.
섹스에도 관심이 없었다.
그러나 그(그녀)는 나를 사랑한다고 했다.
그는 나하고 블루스를 출 때
오르가슴으로 몸을 부르르 떨었다.
그래서 나의 허약한 정력에 맞았다.
그, 아니 그녀는 손톱을 아주 길게 기르고 있었다.
화장도 아주 진했다. 그래서 여느 여자들보다 나았다.
그녀의 몸은 분명한 남성이었다.
성전환 수술을 바라고 있지도 않았다.
그렇지만 고운 피부며 불룩 튀어나온 유방이나
호리호리한 몸매는 완벽한 여성이었다.
모두 피나는 노력과 성형으로 이루어진 것이었다.
화사한 옷차림과 짙은 화장이 그(그녀)를 더욱 여성스럽게 했다.
나는 그(그녀)가 너무나 사랑스러워
요란하디요란하게 키스했다.
그리고 그녀의 자지를 세게 주물러 주었다.

# 원효

참된 불성佛性은 계율을 떠나서 있느니
섹스가 무슨 죄가 되랴

"산은 산이고 물은 물"인 것처럼
섹스는 즐겁고 여자는 탐스럽다

평상심平常心이 곧 도道
배설은 언제나 즐겁다

불경은 똥 닦는 화장지
목불木佛을 쪼개어 장작으로 쓰자

마음은 언제나 성욕으로 가득 차 있고
그런 마음이 곧 만물의 현상을 이룬다

일체유심조一切唯心造
일체음심조一切淫心造

내 페니스를 빨아
주지도
않으면
서
가랑이
사이로
헛바닥
만 빼
죽
내밀며
악을
올리는 초록색 그녀
겨울의
치마

마광수

# 원 나잇 스탠드



사랑은 오직 순간의 불태움
과거나 미래가 무슨 소용이랴

나는 너와 섹스하고 싶어서 만났고
너도 나와 섹스하고 싶어서 만났다

나는 네가 유부녀든 무부녀든 상관하지 않는다
나는 네가 변태든 아니든 상관하지 않는다

너도 나에게 시시콜콜 따져 묻지 말아다오
미래에의 언약도, 재회도 강요하지 말아다오

낯선 만남, 너는 벌렸고, 나는 넣었다
그 이상도 그 이하도 아니다

모든 사랑에 절차는 없다
모든 섹스에 약속은 없다

# 빨가벗고 몸 하나로 뭉치자

빨가벗고 몸 하나로 뭉치자
팬티도 브래지어도 필요없다
겉옷은 더욱더 필요없다

조상이 누군지도 모르는 제기랄 놈의 성씨姓氏
우라질 놈의 가문, 학벌, 직업
벌써 좆돼버린 너와 나의 과거

다 필요없다 사랑 하나면
다 필요없다 섹스 하나면
이 밤, 그대여 빨가벗고 뛰어서 오라

# 혼외정사

사랑을 발견했다, 너로 해서
사랑을 잃었다, 너로 해서
사랑을 버렸다, 너로 해서

죽다가 살아났다, 너로 해서
다시 죽고 싶어졌다, 너로 해서
그래도 못 죽는다, 미련 때문에

하필 너는 왜 유부녀였느냐
하필 난 왜 너를 사랑하게 됐느냐
넌 또 왜 나랑 자줬느냐, 이 나쁜 년아

03

# 사랑 그 쓸쓸함에 대하여

# 그때 그 블루스

너는 들입다 요란하게 화장을 하고
알몸뚱이에 밍크코트만을 걸치고
나랑 함께 한껏 음란하게 블루스 춤을 추었지

갑자기 넌 내 바지 단추를 풀었어
그러고는 내 페니스를 거침없이 끄집어냈지
그 다음엔 그걸 냉큼 네 보지 안에 집어넣는 거야

아아아 스릴과 서스펜스 넘치는
내 페니스의 유려한 피스톤 운동
그리고 네 사타구니 속 살덩어리의 음탕한 율동

아무도 우리가 그러는 걸 알아채지 못했어
네가 밍크코트로 내 아랫도리를 감싸고 있었으니까
오오오 잊지 못할 블루스, 그 도둑질 섹스의 엑스터시

# 즐거운 마조히스트의 사랑

내 사랑
내 간肝을 뽑아 먹으렴
그럼 넌 간이 큰 사디스트가 될 거야

내 사랑
내 쓸개를 뽑아 먹으렴
그럼 난 쓸개 빠진 마조히스트가 될 거야

내 사랑
우리 서로 사도마조히즘Sado-masochism으로 뭉치자
때리면 맞을게 네 노예가 되어줄게

내 사랑
내가 내 자지를 짤라줄게
그럼 넌 내 자지를 맛있게 씹어먹어

# 박제된 사랑

내 페니스를 박제했으면 좋겠다
그러면 내 페니스는
마치 박제된 독수리처럼
더 늠름하고 당당해지게 되겠지

네 음핵과 음순을 박제했으면 좋겠다
그러면 네 음핵과 음순은
마치 박제된 독수리의 발톱처럼
더 빳빳하고 음탕하게 되겠지

우리의 사랑을 박제했으면 좋겠다
그러면 우리의 사랑은
마치 박제된 미라처럼
더 확실히 무생물처럼 되겠지

우리의 사랑이 박제되면
더 이상 사랑이 죽지 않게도 되겠지
더 이상 섹스를 그리워하지 않게도 되겠지

# 민족주의는 가라


혼혈적混血的인 것은 아름답다
동양적인 얼굴과
금발로 염색한 머리는
묘한 하모니를 이룬다 성형수술로
쌍꺼풀을 만들고 코를 높이고
광대뼈를 깎고 유방을 부풀려
동양적인 외모를 억지로 서양적인 외모로
만든 여성은
그 어색하고 안쓰러운 조화감 때문에
한결 야하다 한결 매력적이다

동양도 싫고 서양도 싫다
한국도 싫고 미국도 싫다
동서양을 한데 섞어 잡탕을 만드는 게
훨씬 더 낫다 훨씬 더
아름답다 훨씬 더
평화롭다

어서 빨리 돈을 벌어야지
어서 빨리 애인을 구해야지
그래서 그녀를 왕창 왕창 성형수술 시켜줘야지
그녀에게 수백 가지 색깔의 가발도 사줘야지

# 내가 만약 다시 사랑을 하게 된다면

여자보다 자지 달린 T·V(Transvestite)가 나는 좋아
겉은 여자처럼 꾸미고 다니지만
밑에 달려 있는 것은 남자의 물건
나는 그 페니스를 보드랍게 빨아주고 싶어
그 아찔한 일탈逸脫의 스릴

나도 여자처럼 꾸미고 다녀볼까?
긴 가발도 쓰고 손톱도 아주 길게 기르고
젖가슴도 크게 부풀리고 말야
하지만 성전환 수술은 안 할래

이왕이면 이성애보다, 동성애보다
양성애가 더 좋으니까
나는 어느 멋진 남자의 키스를 받으며
내 페니스를 주무르게 할 수도 있으니까
어차피 다양한 게 좋은 거지 뭐

# 몸 안 주고 거드름 떠는 년은
# 북에서 내려온 간첩이다

왜 몸을 안 주니?
너 혹시 북에서 내려온 간첩 아냐?
요즘 섹스 안 하고 처녀 폼 잡는 년이 어디 있어?

넌 결벽증 환자거나
불감증 환자거나
성 불구자거나
북에서 내려온 간첩인 게 분명해

치사하고 더러워서 너하곤 안 한다
깔리고 깔린 게 야한 여자야

넌 이상한 년
넌 정신병자
넌 지옥에 갈 나쁜 년

섹스 안 하고 거드름 떨면서
어디 잘 먹고 잘 살아봐라
평생 시집도 못 갈 이 병신아

# 권태기

오 그녀의 두 젖꼭지고리에
귀여운 금종金鍾을 매달고
그 종을 내 빳빳한 페니스로 한 번 쳐봤으면

오 그녀의 음순고리에
튼튼한 쇠사슬을 연결시켜
나의 코를 거기에 꿰고
그녀에게 질질 끌려 다녀봤으면

오 그녀의 목에 쇠사슬을 감아매
내가 그녀를 개처럼 끌고 다니며
대낮의 거리를 유유히 산책해봤으면

오 그녀의 혓바닥고리와
내 혓바닥고리를 한데 연결시켜
하루종일, 지치도록, 밤낮없이
끈적끈적 달착지근한 키스를 계속해봤으면

# 진짜 오르가슴을 위하여

내 볼품없는 페니스를
너의 길고 날카로운 손톱으로
짝짝 찢어
불고기를 만들어 먹어다오
그럼 난 행복할 거야

내 희뭉드레한 눈에
너의 길고 날카로운 발톱을
콕콕 박아넣어
나를 장님으로 만들어다오
그럼 난 행복할 거야

내 수다스런 혓바닥을
너의 뾰족하게 날카로운 하이힐 굽으로
짝짝 찢어
나를 벙어리로 만들어다오
그럼 난 행복할 거야

# 내 애인은 착한 마조히스트

내 페니스에 힘이 없다고
그녀가 항상 투덜거리길래
나는 그녀의 이빨을 몽땅 뽑아
내 페니스에 박아넣고서 섹스를 해줬지
그랬더니 그녀는 한껏 오르가슴에 젖어드는 거야
그녀는 틀림없는 마조히스트!

내 페니스가 크게 부풀어 오르지 않는다고
그녀가 항상 투덜거리길래
나는 굵은 똥을 누고 나서 그것을 꽁꽁 얼려
그녀의 항문에 박아줬지
그랬더니 그녀는 한껏 기쁨의 신음소리를 내지르는 거야
그녀는 틀림없는 마조히스트!

# 마스터베이션이 끝난 후

자위행위를 한다

정액이 나온다

저 정액을 내가 핥아먹으면

혹시 내 뱃속에도 아이가 생기지 않을까

여자가 필요 없는 임신

나 혼자 애 낳아 잘 기르면 되지 뭐

이왕이면 예쁜 딸을 낳고 싶다

그런 다음 그 딸과 연애하고 싶다

# 변태는 즐거워

권태는 변태를 부르고
변태에서는 창조가 나와
랄랄라 변태는 즐거워!

변태는 창조적 불복종
모든 창조는 금지된 것에 대한 도전
룰룰루 변태는 대견해!

내 사랑스런 그녀
나의 갖가지 변태 성향을 다 받아주는 그녀
오오오 나와 그녀 사이에 권태는 없지!

# 사랑은 가고 옛날만 남아요



보서요, 당신
사랑은 가고 옛날만 남아요
사랑은 과거 속에만 있어요

지금의 이별을 서러워 마셔요
지금 헤어져야 우리는 사랑할 수 있어요
지금 이대로 간다면
우리의 사랑은 점점 시들어갈 테니까요

보서요, 당신
우리의 미래엔 그래도 추억이 있어요
그러니 한 움큼 남은 사랑이라도 간직하고 이제 헤어져요

# 저의 입은 당신의 술잔이어요

082

저의 입은 당신의 술잔이어요
제 입 안에 술을 가득 따라 마시셔요

저의 입은 당신의 숟가락이어요
제가 음식을 담아 먹여 드릴게요

저의 입은 당신의 요강이어요
어서 오줌을 제 입에 누셔요

저의 입은 당신의 변기여요
어서 당신의 향기로운 똥을 제 입에 누셔요

# 우리는 청춘

오너라 어서 오너라 뛰어오너라
우리에게 내일은 없다 미래도 없다

우리는 쾌락과 자유를 찾는 청춘들
한데 뭉치자 섞어 놀자 섞어 섹스하자

윤리와 도덕과 질서가 우리에게 무슨 의미이리
우리는 즐거움을 좇을 뿐, 아름다움을 좇을 뿐

달이 너무도 밝다 밤이 야하게 이슥하다
이 밤의 야합野合, 우리의 본능을 일깨우나니

밤 가기 전, 달 지기 전, 새벽이 오기 전
마시자 취하자 춤추자 미친 동물이 되어 놀자

ORGASM

# 겨울 저녁의 마약

한겨울의 외진 산장
불타는 벽난로 속의 장작
장작불처럼 타오르는 우리의 사랑

창밖에는 모진 바람
바람처럼 흩날리는 당신의 머리카락
우리의 손에 들려진 독한 마약

함께 해롱거리며 환상 속의 희열을 찾는
당신과 나의 거칠디거친 섹스
그 죽음 같은 오르가슴

새봄이 오면 우린 깨어날까
겨울이 영원히 계속되는 게 좋지 않을까
우리가 꽁꽁 얼어 달라붙으면

어느 누구도 우릴 떼어놓지 못하겠지
우리는 마냥 오르가슴에 젖어들 수 있겠지
우리는 마약 기운 속에서 계속 해롱거리겠지

# 하렘

나는 《아리비안 나이트》 속의 왕이 되고 싶어
그래서 수천 명의 미녀들이 우글거리는
하렘 속에서 하루종일 노닐고 싶어

하렘의 왕이 되면 나는
매일 밤 여자들을 갈아치우며 놀 테야
그리고 한 번 섹스한 여자들은 다음 날 아침에
모조리 죽여버릴 테야

그러니까 내 하렘에는 아주 많은 여자들이 필요해
나는 내 나라 국민들 중 여자는 모두
하렘의 첩으로 삼을 테야

그러다가 결국 내 나라엔
여자들의 씨가 다 말라버리겠지
그러면 나는 날 버린 그년에게
통쾌하게 복수한 셈이 되겠지

# 사랑하기

사랑은 사정하며 구걸하는 것이 아니라
잔인하게 빼앗는 것
이런 사실이 나를 슬프게 해

나는 너에게 사정하며 구걸하며
나를 사랑해주기를 부탁했어
그런데 너는 그러는 나를 발길로 차버렸어

그래서 난 너를 납치해 너의 섹스를 너의 자존심을
강제로 폭력으로 아낌없이 빼앗았지
그랬더니 너는 내게로 왔어 애걸복걸하며

그러는 네가 나는 갑자기 꼴보기 싫어졌지
그래서 나는 너를 발길로 차버렸지
잔인하게 차버렸지

그래서 나는 지금 몹시 슬퍼
그래서 나는 네가 미워

# 삶에 지치다

내 뱃속 창자를 뽑아내어
그것으로 긴 채찍을 만들고
그 채찍으로 나를 실컷 때리게 하고 싶다

또는 내가 아예 내 창자로
긴 밧줄을 만들어 가지고
거기에 목을 매달아 자살하고 싶다

밧줄을 달아맬 곳은
교회의 십자가가 좋겠지
예수의 바보 같은 신앙과 헛된 약속들
그의 무기력한 마조히즘과
허망한 내세來卋 동경을 조롱하며

나는 천천히, 천천히 죽어가겠지
그래도 행복하게 죽어가겠지

# 애인 자랑

그녀는 센스가 발달한 여자
영화관에 가서도 그녀는 늘
내 바지 단추를 끌러
페니스를 꺼내놓지

그러고는 영화 보는 동안 내내
내 페니스를 긴 손톱이 매달린 손으로
주물럭주물럭 애무해주는 거야
물론 내 아랫도리 위에다가는
내 재킷을 벗겨 덮어놓고서 말야

그녀는 팬티 같은 건 안 입어
브래지어도 안 해
거추장스럽기 짝이 없는 물건들이니까
그래서 내 손가락이 그녀의 불두덩과
젖가슴으로 파고들기가 아주 쉬워

나는 그녀와 얘기를 할 때나
식사를 할 때나 공부를 할 때나
늘 그녀의 보지와 젖무덤을 마음껏 주무르지
오오오 그녀는 진짜로 사랑스런 여자!

# 뾰족구두

뾰족구두는 섹시하다
한 십오 센티미터쯤 되는 날카롭게 높은 굽이면
더욱 요염하게 예쁘다
아름답게 보이려고, 관능적으로 보이려고
약간 기우뚱 아슬아슬하게 걷는 모습은
애처롭게 보여서 한결 아름답다

그 모양은 마치 중국 여인들의 전족을 연상시킨다
그러나 찔뚝찔뚝 걷기는 둘 다 마찬가지지만
전족의 선은 뾰족구두의 선보다
너무 둔탁하여 보기 싫다

뾰족구두는 굽이 날카롭게 뻗어 있어 아름답다
칼날 같은 굽으로 내 손등을, 내 목을, 내 가슴을
마구 찍어대는 장면을 연상하면
내겐 이상한 흥분이 온다

사디스틱한 쾌감, 마조히스틱한 쾌감
이 두 가지 흥분과 쾌감 사이에서 오락가락하는
이상한 자유, 부질없는 자유

# 죽음 또한 사랑에 목마르다

# 어느 처녀의 수줍은 사랑 노래

그대여, 사랑하는 이여
제가 식기 전에 먹어주서요

저는 당신의 달콤한 핫케이크
저는 당신의 먹음직스러운 비프스테이크

따끈따끈할 때 드서요
차가와지면 맛이 없어요

저는 당신의 위 속에서 장 속에서
천천히 천천히 당신의 사랑을 음미할래요

그리고는 아름다운 똥이 되어
하수도로 말없이 흘러내려가겠습니다

들어가고 싶다
추억의 그 구멍으로
마광수

# 고향 그리워

들어가고 싶다
추억의 그 구멍으로

인생살이가 너무 고달퍼
나는 늘 그대의 보지 속 자궁을

그리워하네
향수에 젖네

# 나는 당신의 개

멍멍멍 컹컹컹
나는 귀여운 개
당신의 애완동물
부디 부드럽게 다루어줘요

가끔 산책도 시켜줘요
쇠사슬로 내 목을 묶어도 좋아요
똥은 아무데나 누지 않고 가릴게요
제발 때리지만 말아요

당신이 외로울 때
내가 당신의 보지를 보드랍게 핥아 드릴게요
당신의 오줌도 받아 마실게요
그저 버리지만 말아요

내가 수캐라서 성가시다면
나를 거세시켜도 좋아요
그럼 성욕도 참을 수 있겠죠
오로지 당신 곁에 있는 것만으로 행복하겠죠
자, 어서 나를 살풋이 거둬들여줘요

# 나는 위선에 맞서는 투사

'노동 해방'을 위한 투사
'군사 독재'에 항거하는 투사 등
우리나라엔 많은 투사들이 있었다

그러나 '위선'에 맞서는 투사는
별로 없었다
그것이 얼마나 필요한지를 몰랐다

나는 '위선'에 맞서는 투사
'허위의식'과 '중성'에 맞서는 투사
비록 그것이 안 먹혀들 줄 알면서도

# 행복한 자살

아무렇지도 않게 만나
아무렇지도 않게 섹스하고
아무렇지도 않게 헤어질 수 있는
그런 여자 한 번
만나봤으면 좋겠어

아무런 부담 없이 핥고
아무런 부담 없이 빨고
아무런 부담 없이 박고
아무런 부담 없이 빼고……

아아 그런 사랑이 내게 찾아온다면
나는 아무렇지도 않게
정말 아무렇지도 않게
자살할 수 있을 것 같아

천국도 지옥도 없는 텅 빈 무無의 세계로
들어갈 수 있을 것 같아
윤회하지 않을 것 같아

# 섹스는 빛보다 빠르다



사랑의 불꽃을 피우기 위해서는
장작이 많이 필요하다

그러나 섹스의 불꽃을 피우기 위해서는
이쑤시개 하나면 충분하다

왜냐고? 사랑은 힘드니까
아니, 사랑은 아예 없으니까

사랑의 바보 같은 줄다리기여
섹스의 영특한 속전속결이여

쉿! 말로 하지 말고
몸으로 하여요
마광수

# 쉿! 말로 하지 말고 몸으로 하셔요

당신은 뭘 또 주절거리시나요
모든 사랑의 말은 헛된 넋두리
쉿! 말로 하지 말고 몸으로 하셔요

둘이 만나 저녁 먹고 영화구경 가고
들입다 폼 잡으며 철학, 문학 어쩌구저쩌구 떠들고
일부러 점잖은 말투로 사랑 고백하고

나는 그런 거 정말 정말 싫어요
사랑엔 말이 필요 없어요
섹스엔 더욱 말이 필요 없어요

어서 내 품으로 와 몸으로 사랑해요
만지는 걸로 사랑해요
핥고 빠는 걸로 사랑해요
비비고 쑤시는 걸로 사랑해요

오, 내 사랑!
말로 하지 말고 몸으로 하셔요

구애 求愛

과잉된 감정으로 나를 포장하고 싶어서가 아니다
나는 지금 몹시 외로워 사랑하고 싶다

나는 나의 현실이 너무나도 명백하게 객관화되었을 때
너무나 역겨운 현실의 냄새에 무방비 상태로
금세 취해버리고 마는 나 자신을 발견한다

그래서 힘겨운 한숨 정도로는 너무나 힘들다고 느낄 때
나는 사랑하고 싶어진다

나는 지금
순간을 아름답게 타오르다 어둠 속으로 스러지는 불나비처럼
내 안의 무언가를 태워버리지 않으면 안 된다
화약 냄새는 피 냄새보다 덜 비릿하니까

지금 내겐
같이 소리지르고
서로가 서로의 냄새를 맡고
서로가 서로를 정성스레 핥아주는
그런 섹스가 필요하다

Love is touch
Love is feeling

# 날 버리고 떠난 그년에게

네가 떠난 지 벌써 일 년이다.
네 몸속에다 내 자지를 집어넣고
네 몸을 잘근잘근 유린하고 싶다

왜 너는 나를 차버렸니?
내가 정력이 없어서니?
그래도 난 혓바닥만큼은 잘 썼다

두고보자
언젠가는 내 자지 대신에
말[馬] 자지를 붙여가지고
너를 오르가슴으로 까무라치게 할 테니

부디 그때까지 죽지 말고 잘 지내라
네가 오르가슴에 숨이 막혀 죽는 그날에는
석류 같은 웃음을 터뜨릴 테니

# 색色을 밝히다

내 페니스를 빨아주지도 않으면서
가랑이 사이로 얼굴을 숙이고
혓바닥을 삘죽 내밀며
나를 약올리는
초록색 음모陰毛의 그녀

얄밉기는 하지만
그래도 귀엽고 사랑스러워
나는 발기된 페니스를
그녀의 혓바닥에 디밀고
부드럽게 비벼보네
간지럽게 흔들어도 보네

색色을 밝히면 세상이 밝아진다네

색즉시공 공즉시색
선승은 공空으로 세상을 밝히고
나는 색으로 세상을 밝히네

# 수컷들아, 거짓말하지 마

키스 한번 해보려고
사랑타령

페팅 한번 해보려고
사랑타령

섹스 한번 해보려고
사랑타령

결혼 한번 해보려고
사랑타령

이젠 거짓말에 질렸어
난 차라리 호스트바에 가서 남자를 살래

마음은
서럽디
서러운
이별

# 서럽디서러운 이별

내 가슴 뻥 뚫어놓고
달아난 그년이 그리워
오늘도 외로운 마광수 울다

눈물이 배꼽까지 흐르다
눈물 같은 정액이 페니스에 맺히다

그러면서 계속 나를 추적해오는
그년의 섹시한 배꼽고리, 섹시한 보지고리……

나는 그만 주저앉아 더 크게 소리치며 울다

# 미녀의 똥

미녀의 똥이라면
똥도 맛날 것 같아

나는 그녀의 항문 밑에
입을 대고 드러누워
그녀의 똥이 나오기를 기다릴 테야

툭툭 떨어지는
향긋한 똥덩어리가
내 입 안으로 정확히 떨어지도록
입을 크게 벌리고 있어야지

아아아 음냐 음냐 음냐
맛있고 향기로워라
미녀의 똥! 똥! 똥!

# 나의 소원

한 백 명쯤 되는 여자들이
벌거벗고 내 몸에 들러붙어
하루종일 내 자지를 번갈아 빨아댄다

그러면 내 자지는 계속 음험한 신음소리를 내며
할 수 없이 정액을 쏟아낸다
쏟고 쏟다 지쳐
나는 그만 기절해버린다

그러면 여자들은 내 몸에 찬물을 끼얹어
내 의식을 사디스틱하게 소생시킨다
그리고는 다시 또 내 자지를 빨고 또 빤다

이윽고 나는 정액을 모조리 소비해버리고
내 몸도 영혼도 다 소비해버리고
행복하게 죽어간다

행복하게 진짜 행복하게
죽어간다 천국으로 간다 꺼져버린다

내 가슴 뻥 뚫어놓고
달아난 그년이 그리워
외로운 마광수 울다

# 향수

나는 향수를 많이 뿌리는 여자가 좋다

아주 독하디독한 향수로
온몸을 듬뿍 적신 여자의 몸에서
풍겨나오는 메스꺼운 향기
당장이라도 토할 것만 같은

그 쌍스럽게 메스꺼운 향기가 지닌
여인의 순진무구한 진실
남성에게 섹시하게 다가가고 싶은 솔직함

아, 그런 야한 여인의 온몸에
짙은 키스, 짙은 페팅을 전하고 싶다

향수를 전혀 안 뿌리고 다니는 여자들은
다 죽여버리고 싶다
그 위선을, 그 이중성을
까부숴버리고 싶다

# 그녀의 사타구니를 기다리며

푸른 잔디밭에 편안하게 누워
그녀의 사타구니를 기다린다

입을 벌리고 혀를 쑤욱 빼낸다
그리고 그것을 하늘 향해 힘껏 휘둘러본다

이 풋풋한 자연의 냄새, 풀의 냄새
원시적 열정이 저절로 솟아나오는 숲 속

그대여 내게로 오라 그리고 어서
엉덩이를 까고 내 혓바닥을 조준하여

보지를 벌려라 힘껏 크게 벌려라
대자연의 냄새와 함께 금잔디의 냄새와 함께

# 햄버거

눈을 멀뚱멀뚱 뜨고서
자지 빨아주는 여자는 무서워
꼭 자지를 씹어 삼킬 것만 같아

그렇지만 나는 이런 불안감이 좋아
쓸데없이 매달려 있어 거추장스런 물건
까짓거 내 못난 자지를 이빨로 잘라내버려

그리고 꼭꼭 씹고 씹어
햄버거 재료를 만들어줘
그리고 우리 둘이서 그걸로 햄버거를 만들어 먹는 거야

맛있게, 정말 맛있게!

# 섹스는 못 말려

어느 젊은 과부가 팬티만 입고
무더운 한여름에 낮잠을 자고 있었대

그때 젊은 남자 도둑이 들어와 뭘 훔쳐가려다가
과부의 벌거벗은 몸뚱어리에 눈이 더 갔다더군

그래서 들끓는 춘정을 못 이겨
여자의 사타구니에 페니스를 박아 넣었다는 거야

당연히 잠에서 깨어난 여자
막 "도둑이야!" 하고 소릴 지르려고 하던 차

도둑의 말 한마디에 그만 입을 다물어 버리더라는군
그 말이 뭔지 알겠어?

이거 한마디였대
"소리 지르면 뺄 테다!"

# 황진이

나는 오직 야한 여자였어요
시도 지을 줄 몰랐고
악기도 다루지 못했어요
춤도 물론 못 췄구요

그런데 후세後世 선비들이 나를
무슨 예술의 천재인 것처럼 만들어 놓더군요
아마도 지네들이 나의 섹스 기교에
넘어갔던 사실이 부끄러웠던가 봐요

벽계수는 후끈자근 조여주는 내 조개 맛에 훌러덩 넘어갔고
지족선사는 뱀처럼 스멀거리는 내 혓바닥에 그만 파계해버렸고
심지어 서화담 영감조차 내 색기色氣에 녹아가지고
예순 살도 못 채우고 과색過色으로 죽어버렸어요

나는 다만 야한 여자예요, 그뿐이에요

# 돌아와 주셔요 당신의 페니스

# 이별 없는 사랑은 싱겁다

날마다 똑같은 메뉴
어제도 설렁탕 오늘도 설렁탕 내일도 설렁탕
이별 없는 사랑은 싱겁다

사랑은 순간으로 와서 영원 속으로 사라져버리는 것
우리, 이 순간만을 즐기자
비록 내일 이별이 찾아올지라도

이별이 안 찾아오면 내가 먼저 죽어줄 수도 있다
권태는 죽음보다 더 두려운 거니까
네가 나 대신 죽어줘도 좋다

내가 죽으면 너는 그래도 슬퍼해주겠지
그래서 우리 사랑이 지속될 수 있겠지
적어도 한동안 우리는 하나이겠지

마  광  수
너와 나의 혀바닥이 뱀처럼
휘감기는 키스를 하구싶어

# 유혹

내가 너를 유혹했는지
네가 나를 유혹했는지
도무지 모르겠다

밀고 당기고 안기고 떨어지고
마치 탱고 춤과도 같은 우리의 사랑
변덕스러우면서도 본능에는 허기져
매일밤 뱀처럼 꿈틀대는 우리의 사랑

나는 네가 야해서 좋았고
섹스 로봇 같아서 유혹했다
그런데 너는 왜
나 같이 볼품없는 놈에게 엉켜들었느냐

사랑이 결국은 우릴 버린다는 것을 알면서도
사랑이 결국은 지쳐간다는 사실을 알면서도

# 오르가슴만이 구원

한 남자 가지고는 도저히 만족 못하겠어
적어도 내 몸의 구멍 세 개는 다
빳빳하게 발기된 페니스로 채워져야 해

입 속에 한 개의 페니스
똥구멍 속에 한 개의 페니스
보지 속에 한 개의 페니스

하하항 흐흐홍, 음, 이젠 좀 뭘 느낄 만해
진짜 오르가슴을, 진짜 섹스의 맛을
신난다 살맛난다 이것이 바로 영혼의 구원!

# 펜 레터

저는 방년 열여섯이구요
꽃봉오리 같은 보지를 갖고 있어요
선생님을 사랑해요

어서 식기 전에 제 보지를 잡수서요
저는 당신의 자지를 먹을게요

어서어서 오서요
원없이 드서요

세월이 흐르고 나면
저도 당신처럼 늙어
보지가 흐물흐물해질 테니까요

# 껌

섹스는 씹다 버리는 껌과 같은 것
그 이상의 미련도 집착도 가져선 안돼

한 줄기 시원한 소낙비와도 같은 섹스
그 이상도 그 이하도 아닌 순간의 섹스

나는 너를 껌처럼 씹다가 버리고 싶어
너로 인해 찰나의 쾌락을
부담감 없이 맛보고 싶어

섹스로 발목 잡으려는 년은 나쁜 년
섹스로 발목 잡으려는 놈도 나쁜 놈

# 늙는 것의 서러움

어렸을 때 나는 버스를 타고 갈 때
길가의 집들이 지나가고
버스는 가만히 서 있는 것처럼 느껴졌었다

어렸을 때 나는 물가에 섰을 때
물은 가만히 있고
내가 흘러가는 것처럼 느껴졌었다

그러나 지금 버스를 타면
집들은 가만히 있고
나만 달려가는 것처럼 느껴진다

지금 물가에 서면
나는 가만히 있고
강물만 흘러가는 것처럼 느껴진다

狂馬는
날아오르고
싶다
광수
1996年 2月

# 교양

난 요즘 교양을 고양高揚 중이야
그래서 고상한 이문열 소설도 읽어보고
결벽증 작가 앙드레 지드의 소설도 보지

그래도 난 역시 야한 체질인가봐
도무지 교양이 고양되지 않고
내 성기만 신경질을 부리며
나를 들들 볶아대더군
이건 아니라고
그런 건 네게 안 맞는다고

그래도 난 역시 교양을 고양해야 돼
더 이상 천골賤骨 소릴 듣고 싶진 않으니까
이젠 베토벤의 교향곡도 들어봐야지
라파엘의 성화聖畵들도 쳐다봐야지

교양을 고양해야만
온통 내숭덩어리인 여자를 꼬실 수 있으니까
여자와 감질나는 섹스라도 나눌 수 있으니까
또 이 좆 같은 한국에서 살아남을 수 있으니까

# 뱀

나의 님은 맨살 위에 보디 페인팅 하는 걸 좋아했지
그래서 그녀의 알몸뚱이는 더 섹시하게 빛났지

어느 날 그녀는 가슴 전체에
길디긴 뱀 한 마리를 그렸어

뱀의 대가리가 그녀의 사타구니 속으로 기어 들어가
혀를 날름거리며 그녀의 보지를 노려보고 있었어

그러다가 뱀은 아가리를 디밀어
그녀의 보지를 들입다 쑤시는 거야

그녀의 입에서 쏟아져 나오는 음험한 신음소리
아 영원히 잊지 못할 야하디야한 비명소리

그러다가 그녀는 결국 환희에 겨워 숨이 끊어졌어
그래서 나는 비로소 진정한 오르가슴을 느낄 수 있었지

# 윤동주

연애 한 번 변변히 못해보고
비명非命에 죽어 총각귀신이 된
불쌍한 사람, 측은한 청년

그래도 요절했기 때문에
변절하지는 않은 행복한 인생

하지만 죽어서 유명해지면 뭐하나?
살아 있을 때 유명해져야지
나는 윤동주처럼 되고 싶지 않아

나는 죽기 전에 문학가로 인정받고 싶어
책으로 돈도 많이 벌고 싶어
윤동주처럼 되고 싶진 않아, 피카소처럼 되고 싶어

그리고 나는 늙어도 '나잇값' 안 하고
절대로 절대로 변절도 안 할 테야

# 북한산

예전엔 북한산에 올라가
버너에 고기 구워먹고
술 마시고 담배 피우는 게 낙이었는데

이젠 산 위에서 고기도 못 굽고
담배도 못 피우게 하네
치사하고 더러워서 이젠 안 가

산 속에서 술에 취하여 노래 부르고
담배 피우면서 끓는 속 달래는 맛도 없다면
그게 무슨 국립공원이야?

북한산은 이제 정 떨어졌어
그저 바라보기만 하는 북한산은 그림의 떡
산은 그 속에서 지랄발광하는 맛이 있어야 산

# 첫 항문섹스의 추억

날카로운 칼날처럼 짜릿했던
당신과의 첫 항문섹스
그 아련한 추억이 나를 울려요

어쩜 그리 크고 우람한 페니스가
내 좁은 항문 속으로 들어올 수 있었을까요
으으음 아아항…… 나는 그만 죽어버렸었죠

돌아와주서요 당신의 페니스
반갑게 맞이할래요 나의 보지
그리워서 눈물 흘려요, 나의 불쌍한 항문……

# 몰입沒入


저는 당신의 페니스보다
긴 손가락이 더 좋아요

스멀스멀 간지럽게 기어들어오는
당신의 길디긴 손가락
그 손끝이 제 사타구니를 스쳐갈 때면
저는 황홀경 속으로 빠져들어요

어서 더 세게 손가락을 박아 넣어줘요
아프지만 그 쾌감이 저는 좋아요

보지 전체가 찢겨도 좋아요
피가 나와도 좋아요

저는 이미 당신의 것
저는 당신에게 섹스를 저당잡혔어요

아아아… 으으음… 정말 기분 좋아요
자궁 깊은 곳까지 손가락을 밀어 넣어줘요

아니 더 큰 걸로, 당신의 주먹으로
제 자궁 속을 마음껏 휘저어줘요

당신의 머리 전체를
당신의 몸 전체를 집어 넣어줘요
붉은 피가 낭자하게 흐르도록
그래서 제가 죽도록……

# 청량리 588에서

한 여자가 거기 서 있었어
짙은 볼연지와 립스틱을 바르고
내게 손짓하며 말을 붙였지
어서 오서요
여긴 아주 편안한 곳이에요
당신의 모든 고민을 잊게 해줄게요

여자의 얼굴은 그리 예쁘지 않았어
약간 촌스러운 냄새가 풍기더군
그런데도 꼭 엄마 같이 느껴지는 거야
자장가 부르며 내 얼굴은 토닥거려
포근한 잠에 빠질 수 있도록 해주었던……

어서 오서요
제가 당신을 천국으로 안내할게요
잠깐만 계셔보시라니까요
그럼 제 말이 맞나 안 맞나 알 수 있을 거예요
당신은 나의 영원한 아기……

과연 그곳은 편안했어
퀴퀴한 먹물들 냄새가 나지 않았어
오직 본능만 있더군
가난한 마음만 있더군

마음이 여리고 순진한 사람만 있더군

어서 오서요
여긴 아주 편안한 곳이에요
당신은 천국을 보게 될 거예요
당신은 지옥도 보게 될 거예요
하지만 그래도 당신은 하느님을 만나게 될 거예요

# 희망

희망이 절망보다 더 두려운 거라는 걸 알지만
어쨌든 희망이라도 가져봐야 하지 않을까

아냐, 그래도 희망은 무섭지
쓸데없는 미련과 집착을 가져다주니까

어차피 자연은 무서운 곳
피비린내나는 약육강식의 싸움터

장자莊子의 '무위자연無爲自然'은 순 엉터리
자연 속에서는 희망이 없어, 절망이 차라리 더 나아

초식동물들이 육식동물들한테 양순하게 잡아먹히듯이
나도 얌전하게 불행을 기다릴 테야, 예비할 테야

희망을 가지려면 종교를 믿어야 하니까
하지만 종교는 일시적인 마취제에 불과하니까

희망

# 공포와 전율

둘이서 홀라당 빨가벗고
매서운 한 겨울에
차가운 눈밭 위에서 섹스를 하면
얼마나 스릴 있을까

곧 얼어죽을 것만 같은 공포감
그러면서도 따라오는 오르가슴의 전율

나는 너와 섹스하면서
서서히 얼어죽고 싶어

그야말로 무념무상無念無想의 상태로
너와의 사랑을 죽음의 오르가슴으로 확인하고 싶어

# 잘못은 제게 있어요

당신이 때려주시는 매를 실컷 얻어맞지 못한 일

당신이 기르라시는 손톱을 한껏 기르지 못한 일

당신이 신으라시는 굽 높은 하이힐을 한껏 신지 못한 일

당신이 하자고 하시는 스와핑을 떳떳하게 하지 못한 일

당신이 하라고 하시는 보지고리를 크게 달지 못한 일

당신이 낳지 말라시는 그 징그러운 아이를 우겨서 낳은 일

당신이 이혼하자고 하시는 제의를 받아들이지 못한 일


그래요 모든 잘못은 제게 있어요

# 그 이름 그 얼굴

누구더라
노래처럼 흥얼거리며
외우던 이름인데

어떻게 생겼더라
거울처럼 매일매일
마주본 얼굴인데

차마 잊을 수 없었던
기억들이
빗방울처럼 떨어져내린다

시간의 무게는 무서워
세월은 살 같이 빨라
이제는 생각나지 않네

흩날리는 봄 꽃잎
흩날리는 가을 낙엽
흩날리는 겨울 눈발

둘이서 바라보며 다짐했던
세월을 초월해 흩날리지 않고
평생을 같이 하자고 했던 그 약속

누구더라
어떻게 생겼더라
이제는 생각나지 않네

안타까운 추억들
늙어버린 기억들
지쳐버린 나날들

# 노처녀의 한恨

아아 내가 젊고 섹시한 여왕이라면
게다가 무엇이든 마음대로 할 수 있는 폭군 여왕이라면

손톱을 비수처럼 날카롭게 길러
매일 밤 남자들을 찔러죽이며 놀 텐데

또 남자 노예들을 침대 대신 의자 대신 사용하며
하루 종일 내 몸뚱어리를 핥게 할 수도 있을 텐데

내 나라에선 남자들이 다 노예가 되도록 할 테야
오직 여자들만을 국민으로 대우할 테야

그러니까 내겐 정식 남편이 없겠지
수백 명의 남첩男妾들이 우글대는 후궁만이 있겠지

내 식사는 남자들의 고기!
내 음료수는 남자들의 피!

# 마광수 교수와 섹스를 하고 나서

그는 거미와도 같았다
그가 가늘고 긴 손가락을 촉수처럼 뾰족하니 세우고
나를 간지럼 태우거나 내 음문陰門을 후빌 때
나는 자지러질 수밖에 없었다
그는 페팅을 시작할 때
처음에는 가능한 한 가장 부드러운 손놀림으로
내 몸뚱이를 터치해갔다
이를테면 피부를 거칠게 자극하여 불쾌하게 하는 것이 아니라
피부에 난 보드라운 솜털을 자극해주는 식이었다
그의 차가운 손끝이 내 젖꼭지와 젖꼭지 주변,
그리고 속눈썹과 입술, 목, 가슴, 배, 팔과 넓적다리 안쪽,
겨드랑이의 우묵한 부분, 발바닥과 혓바닥,
사타구니와 항문 주위를 간지럽힐 때
나는 깊고 깊은 수렁 속으로
한없이 빠져 들어가고 있는 듯한 착각에 빠져들었다
단지 촉감 때문만은 아니었을 것이다
그에 대한 나의 마조히스틱한 연모戀慕가
그의 평범한 손놀림마저도 마치 엄청난 카리스마를 가진
마왕의 손길이 와 닿는 것 같은 느낌을 갖도록 만들어주고 있었다
그러다가 그는 그의 머리털과 입술,
그리고 무성한 음모 등을 이용하여 내 몸을 부드럽게 비벼준다
그리고 나서 막바지에 이르러서는
드디어 축축한 그의 혓바닥이 등장하여 나를 휘어감는 것이다
그는 정말 개처럼 잘도 핥았다 ……

馬光洙 약력


1951년 • 3월 10일(음력), 가족이 1.4후퇴 시 잠시 머문 경기도 수원
　　　　에서 출생. 본적은 서울.

1963년 • 서울 청계초등학교 졸업. 대광중학교 입학.

1969년 • 대광고등학교 졸업. 연세대학교 국문학과 입학.

1973년 • 연세대학교 국문학과 졸업. 연세대 대학원 국문학과 입학.

1975년 • 연세대 대학원 국문학과 졸업(문학석사).

　　　　• 방위병으로 군복무.

1976년 • 연세대 대학원 국문학과 박사과정 입학.

　　　　• 이후 1978년까지 연세대, 강원대, 한양대 등 시간강사 역임.

1977년 •《현대문학》에 〈배꼽에〉〈망나니의 노래〉〈고구려〉〈당세풍
　　　　當世風의 결혼〉〈겁怯〉〈장자사莊子死〉 등 6편의 시가 박두진
　　　　시인에 의해 추천되어 문단에 데뷔.

1979년 • 홍익대학교 국어교육과 전임강사로 취임. 1982년 조교수로
　　　　승진.

1980년 • 처녀시집 《광마집狂馬集》(심상사) 출간.

1983년 • 연세대 대학원에서 〈윤동주 연구〉로 문학박사 학위 받음.

　　　　• 학위논문 《윤동주 연구》(정음사, 2005년 개정판부터는 철
　　　　학과현실사) 출간

1984년 • 연세대학교 국문학과 조교수로 취임. 1988년 부교수로 승진.

1985년 • 문학이론서 《상징시학》(청하, 2007년 개정판부터 철학과
　　　　현실사) 출간.

　　　　• 시선집 《귀골(貴骨)》(평민사) 출간.

1986년 • 문학이론서 《심리주의 비평의 이해》(편저, 청하) 출간.

1987년 • 평론집 《마광수 문학론집》(청하) 출간.

　　　　• 문학이론서 《시창작론》(오세영 교수와 공저, 방송통신대학
　　　　　 출판부) 출간.

1989년 • 에세이집 《나는 야한 여자가 좋다》(자유문학사) 출간.

　　　　• 시선집 《가자, 장미여관으로》(자유문학사) 출간.

　　　　• 5월부터 《문학사상》에 장편소설 《권태》를 연재하여 소설가
　　　　　 로서의 활동을 시작함.

1990년 • 장편소설 《권태》(문학사상사, 2005년 개정판부터 해냄) 출간.

　　　　• 에세이집 《사랑받지 못하여》(행림출판사) 출간.

　　　　• 장편소설 《광마일기狂馬日記》(행림출판사, 1996년 개정판부
　　　　　 터 사회평론사) 출간.

1991년 • 1월에 이목일, 이외수, 이두식 씨와 더불어 서울 동숭동 ‘나
　　　　　 우 갤러리’에서 〈4인의 에로틱 아트전〉을 가짐.

　　　　• 문화비평집 《왜 나는 순수한 민주주의에 몰두하지 못할까》
　　　　　 (민족과문학사, 재판부터는 사회평론사)에서 출간.

　　　　• 장편소설 《즐거운 사라》(서울문화사) 출간. 간행물윤리위
　　　　　 원회의 제재로 출판사 측에서 자진 수거·절판함.

1992년 • 에세이집 《열려라 참깨》(행림출판사) 출간.

　　　　• 장편소설 《즐거운 사라》(개정판, 청하) 출간.

　　　　• 10월 29일, 《즐거운 사라》가 외설스럽다는 이유로 검찰에
　　　　　 의해 전격 구속되어 서울구치소에 수감됨.

　　　　• 12월 28일, 1심에서 징역 8월에 집행유예 2년 판결 받음.

1993년 • 2월 28일, 연세대학교에서 직위해제됨.

1994년 • 1월에 서울 압구정동 ‘다도 화랑’에서 첫 번째 개인전을 가
　　　　　 짐. 유화, 아크릴화, 수묵화 등 70여 점 출품.

- 《즐거운 사라》일본어판이 아사히 TV 출판부에서 번역·출간되어 일본에서 번역·소개된 한국소설 중 최초로 베스트셀러가 됨.
- 문화비평집 《사라를 위한 변명》(열음사) 출간.
- 7월 13일, '즐거운 사라' 사건 2심에서 항소 기각 판결 받음.

1995년
- '즐거운 사라' 필화사건의 진상과 재판 과정, 마광수의 문학세계 분석 등을 내용으로 연세대 국문학과 학생회가 쓰고 엮은 《마광수는 옳다》(사회평론사)가 출간됨.
- 6월 16일, '즐거운 사라' 사건 대법원 상고심에서 상고 기각 판결 받음. 동시에 연세대학교에서 해직되고 시간강사로 됨.
- 장편에세이 《운명》(사회평론사, 2005년 개정판부터 《비켜라 운명아, 내가 간다!》로 제목을 바꿔 오늘의책) 출간.

1996년
- 장편소설 《불안》(리뷰앤리뷰) 출간.

1997년
- 문학이론서 《카타르시스란 무엇인가》(철학과현실사) 출간.
- 장편에세이 《성애론》(해냄) 출간.
- 문학이론서 《시학》(철학과현실사) 출간.
- 시집 《사랑의 슬픔》(해냄) 출간.

1998년
- 장편소설 《자궁 속으로》(사회평론사) 출간.
- 3월 13일에 사면복권되고 5월 1일에 연세대 교수로 복직됨.
- 에세이집 《자유에의 용기》(해냄) 출간.

1999년
- 장편 에세이 《인간》(해냄) 출간.

2000년
- 장편소설 《알라딘의 신기한 램프》(해냄) 출간.

2001년
- 문학이론서 《문학과 성》(철학과현실사) 출간.

2003년
- 강준만 외 5인이 쓴 《마광수 살리기》(중심)가 출간됨.

2005년
- 1월에 거제문화예술회관 초대로 〈마광수 미술전〉을 가짐.
- 에세이집 《자유가 너희를 진리케 하리라》(해냄) 출간.
- 장편소설 《광마잡담(狂馬雜談)》(해냄) 출간.
- 6월에 서울 인사 갤러리에서 〈마광수 미술전〉을 가짐.

- 7월에 대구 대백프라자 갤러리에서 〈마광수 미술전〉을 가짐.
- 장편소설 《로라》(해냄) 출간.

2006년 • 2월에 일산 롯데마트 갤러리에서 〈마광수·이목일 전〉을 가짐.
- 시집 《야하디 얄라숑》(해냄) 출간.
- 문학론집 《삐딱하게 보기》(철학과현실사) 출간.
- 산문집 《마광쉬즘》(인물과사상사) 출간.
- 장편소설 《유혹》(해냄) 출간.

2007년 • 1월에 〈색(色)을 밝히다〉 미술전시회를 서울 인사동 북스 갤러리에서 가짐.
- 시집 《빨가벗고 몸 하나로 뭉치자》(시대의창) 출간.

■ 홈페이지 : www.makwangsoo.com